Lyndon B. Johnson

Un texano en la Casa Blanca

Harriet Isecke

Consultora

Devia Cearlock
Especialista en estudios sociales de jardín de niños a 12.° grado
Amarillo Independent School District

Créditos de publicación

Dona Herweck Rice, *Jefa de redacción*
Conni Medina, *Directora editorial*
Lee Aucoin, *Directora creativa*
Marcus McArthur, *Ph.D., Editor educativo asociado*
Neri García, *Diseñador principal*
Stephanie Reid, *Editora de fotografía*
Rachelle Cracchiolo, M.S.Ed., *Editora comercial*

Créditos de imágenes

Tapa Frank Wolfe/LBJ Library & Newscom; pág. 1 Frank Wolfe/LBJ Library; págs. 2–3 WALTER BIBIKOW/ Newscom; pág. (izquierda) LBJ Library; pág. (derecha) Getty Images; pág. Arnold Newman/LBJ Library; págs. 6, 7, 8, 9, 10 LBJ Library; pág. 11 LOC [LC-USZ62–57657]; pág.12 The Granger Collection; pág. LBJ Library; pág. 13 (lateral) iStockphoto; pág. LBJ Library; pág. 15 Getty Images; pág. (lateral) Texas State Library and Archives Commission; pág. 16 LBJ Library photo by Abbie Rowe; pág. 17 National Archives; pág. 17 (lateral) Yoichi Okamoto/LBJ Library; pág. 18 LBJ Library; pág. 19 JFK Library; pág. 20 Walt Cisco, Dallas Morning News; pág. 21 LBJ Library; pág. 21 (lateral) Getty Images; pág. 22 Cecil Stoughton/LBJ Library; pág. 23 (arriba) Cecil Stoughton/LBJ Library; pág. 23 (abajo) The Granger Collection; pág. 24 National Archives; pág. 25 LBJ Library; pág. 26 Getty Images; pág. 27 Frank Wolfe/LBJ Library; pág. 27 (lateral) National Archives; pág. 28 Corbis; pág. 29 (arriba) Newscom; pág. 29 (abajo) Frank Wolfe/LBJ Library; todas las demás imagenes de Shutterstock.

Teacher Created Materials
5301 Oceanus Drive
Huntington Beach, CA 92649-1030
http://www.tcmpub.com

ISBN 978-1-4333-7219-3

Printed in China
Nordica.082019.CA21901100

Tabla de contenido

La vida de un líder

Lyndon Baines Johnson nació en Texas en 1908. Su familia no tenía mucho dinero. Trabajó duro para pagarse la universidad. Después de graduarse, se convirtió en maestro. Los niños a los que enseñaba eran pobres. Inspiraron a Johnson a entrar en la política. Él quería ayudar a aquellos que no podían ayudarse a sí mismos.

En la política la gente llamaba a Johnson por sus iniciales, L.B.J. Como la mayoría de los texanos de ese momento, Johnson era **demócrata**. Representó a Texas en el Congreso de EE. UU. desde 1937 hasta 1961. Durante los 12 primeros años fue **representante**. Durante los 12 siguientes fue **senador**.

Lyndon B. Johnson, 1915

pin de campaña de 1960

En 1961 Johnson se convirtió en vicepresidente durante la presidencia de John F. Kennedy. Pero en 1963 Kennedy fue asesinado a tiros. Ese día Johnson tomó juramento como el 36.º presidente de Estados Unidos. Johnson fue un fuerte líder y un orador con talento. Dedicó su vida a ayudar a los demás y a su país.

Presidente Johnson, 1964

Los legisladores

La rama legislativa del gobierno se llama *Congreso*. El Congreso está compuesto por el Senado y la Cámara de Representantes. El Senado cuenta con dos miembros de cada estado. El número de representantes en la cámara se basa en el número de personas en cada estado.

Sistema bipartidista

Hay dos partidos políticos principales en Estados Unidos. Los demócratas piensan que debe haber un gobierno central fuerte que utilice los impuestos para ayudar a la gente. Los republicanos creen que es mejor para el país un gobierno más pequeño. Piensan que ayudan más a las personas y los negocios si no tienen que pagar muchos impuestos.

Johnson cuando era un bebé, 1909

Johnson (derecha) con su hermano y dos hermanas, 1914

Encontrando su camino

Recibiendo una educación

El 27 de agosto de 1908 Lyndon B. Johnson nació en una granja en el centro del sur de Texas. Era el mayor de cinco hermanos.

A Johnson le gustaba hablar en su adolescencia. Esto le ayudó a ser elegido presidente de su clase de secundaria. En 1926 Johnson fue a la universidad para profesores, donde editaba el periódico de la escuela. También fue la estrella de su **equipo de debate**.

Johnson cuando era estudiante universitario, 1927

Johnson (derecha) con su equipo de debate, 1928

Al año siguiente Johnson tomó un descanso de la universidad para trabajar como profesor y director. Trabajó en una escuela pobre en el sur de Texas. La mayoría de los estudiantes eran de origen mexicano-americano. Johnson estaba triste porque sabía que tenían una dura vida por delante.

Johnson regresó a la universidad al año siguiente. Después de graduarse en 1930 trabajó como maestro de secundaria. Pero nunca se olvidó de sus primeros estudiantes en el sur de Texas.

Gran impacto

Durante su carrera política Johnson apoyó leyes que ayudaban a la gente pobre. También trabajó para hacer leyes que le dieran los mismos derechos a todas las personas.

Inspirando a los estudiantes

Como presidente, Johnson firmó la Ley de Educación Superior. Dijo: "Nunca olvidaré las caras de los niños y niñas en esa pequeña escuela mexicana de Welhausen... fue entonces cuando decidí que esta nación nunca podría descansar mientras la puerta al conocimiento siguiera cerrada para cualquier estadounidense".

La atracción de la política

Johnson venía de una familia de políticos. Su padre, Samuel Ealy Johnson Jr., sirvió en la **legislatura** de Texas, o el cuerpo de legisladores, durante seis períodos. Johnson sintió la atracción por la política a una temprana edad.

En 1930 Johnson daba clases de oratoria en Houston. En su tiempo libre ayudaba a Welly Hopkins a presentarse al Congreso de EE. UU. Hopkins ganó las **elecciones**. También se comprometió a ayudar a Johnson a entrar en la política.

Hopkins tenía un amigo en el Congreso llamado Richard Kleberg. Le dio a Johnson un trabajo como **ayudante**. Johnson conoció a mucha gente importante en Washington DC. Algunos de sus amigos eran asesores del presidente y del vicepresidente.

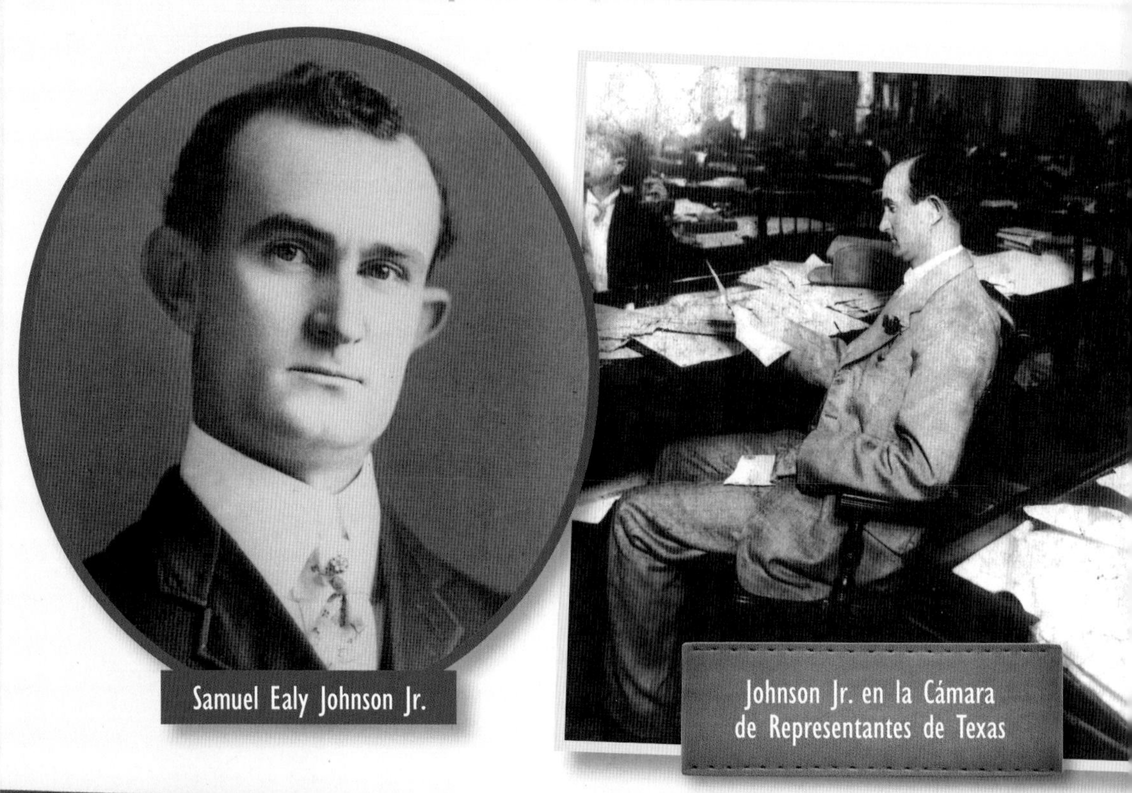

Samuel Ealy Johnson Jr.

Johnson Jr. en la Cámara de Representantes de Texas

Johnson con su esposa y sus dos hijas

En 1935 el presidente Roosevelt le dio a Johnson un trabajo especial. Lo hizo director de Texas de la Administración Nacional para la Juventud. A los 26 años Johnson era el director más joven del estado. Creía firmemente en su causa. Johnson y su personal trabajaron muchas horas para hacer su trabajo.

Un asunto de familia

En 1934 Johnson se casó. El nombre de su esposa era Claudia Taylor, pero se le conocía como *"Lady Bird"*. La pareja tuvo dos niñas llamadas Lynda Bird y Luci Baines. Llamaron a su perro *Little Beagle*. Toda la familia tenía las iniciales L.B.J.

La Administración Nacional para la Juventud

La Gran Depresión fue un período de grave deterioro económico de 1929 a 1939. La Administración Nacional para la Juventud era parte del plan del presidente Roosevelt para sacar a Estados Unidos de la Gran Depresión. La Administración Nacional para la Juventud dio a los estudiantes proyectos de "trabajo-estudio" para que pudieran ganar dinero mientras iban a la escuela.

A Washington

En 1937 Johnson se presentó para la Cámara de Representantes de EE. UU. Estados Unidos estaba todavía en la Gran Depresión. Muchas personas habían perdido sus empleos y hogares y luchaban para sobrevivir.

El presidente Roosevelt tenía un plan llamado el *New Deal* (Nuevo Trato). El gobierno le pagaría a la gente para construir puentes, parques y escuelas. Esto haría que la gente volviera a trabajar y le daría dinero para gastar.

Johnson creía en el *New Deal*. Ese fue el **programa** que utilizó durante las elecciones. Johnson ganó esas elecciones.

Johnson presentándose al Senado de EE. UU. en 1941

Johnson (derecha) estrecha la mano del presidente Roosevelt (izquierda).

Johnson también trabajó en proyectos que ayudaban a su estado natal. Incluso ayudó a llevar la electricidad a los texanos que vivían fuera de las ciudades.

Johnson quería hacer más. En 1941 se presentó al Senado de EE. UU., pero perdió. Volvió a la Cámara de Representantes y siguió trabajando para Texas.

La Operación Texas

Durante la Segunda Guerra Mundial, el líder alemán Adolf Hitler estaba matando a judíos inocentes. Johnson quería ayudar. Así que ayudó en secreto a centenares de judíos a trasladarse a Texas. En lugar de morir, estas personas pudieron iniciar una nueva vida en Estados Unidos. La misión de Johnson fue llamada la *Operación Texas.*

Comité de Asuntos Navales

El Comité de Asuntos Navales fue creado en 1822. Trabajaba en asuntos de la marina de guerra. En 1946 pasó a formar parte del Comité de Servicios Armados. Es un grupo muy importante. Sus miembros se aseguran de que las fuerzas armadas tengan el dinero que necesitan. Después de que Johnson regresara a la Cámara de Representantes en 1941, lideró este comité.

astillero de la Segunda Guerra Mundial, 1944

Un asunto arriesgado

En 1941 EE. UU. entró en la Segunda Guerra Mundial. Johnson era miembro del Congreso entonces. Se inscribió en la **reserva naval**. Quería luchar en la guerra. En cambio, lo enviaron a inspeccionar astilleros.

El presidente Roosevelt decidió que necesitaba algunos colaboradores de confianza para que le informaran sobre la guerra en el Pacífico sur. Eligió a Johnson. La misión era arriesgada. El equipo tenía que bombardear una base aérea japonesa. Johnson los acompañaba como observador.

Informó de lo que vio al presidente. Dijo que las condiciones en el Pacífico sur eran malas. Le preocupaba que los aviones estadounidenses no fueran tan buenos como los aviones japoneses. Dijo que los soldados estadounidenses estaban perdiendo la esperanza.

Roosevelt le pidió a Johnson que se uniera al Comité de Asuntos Navales en el congreso. Johnson hizo un plan de 12 puntos. Pidió más armas y hombres.

Roosevelt escuchó a Johnson. El presidente envió a más hombres y más armas al Pacífico sur. Esto ayudó a los esfuerzos de Estados Unidos en la guerra.

Medalla Estrella de Plata

¿No la merecía?

Johnson consiguió una Medalla Estrella de Plata por su misión en el sur del Pacífico. Es la tercera medalla militar más alta. No le dieron ningún premio a nadie más en la misión, ni siquiera a los pilotos de combate. Algunos dijeron que Johnson no merecía la medalla.

Johnson con su uniforme de la marina, 1942

Cambiando las reglas

En ese momento la ley exigía a los jóvenes unirse a las fuerzas armadas. Pero los trabajadores de los astilleros no tenían que unirse. Johnson dijo que si los trabajadores de los astilleros faltaban demasiado al trabajo deberían ser llamados a filas y obligados a servir en las fuerzas armadas. Esto enfadó a los trabajadores.

Líder del Senado

Una carrera dura

En 1948 Johnson se presentó al Senado de EE. UU. Fueron unas elecciones reñidas. La primera ronda de las elecciones se denomina **primarias**. Tres personas se presentaron en las primarias. El ganador sería el **candidato** de los demócratas para el Senado. Uno de los candidatos, Coke Stevenson, era muy conocido.

Johnson consiguió una gran cantidad de dinero para su **campaña**. Incluso utilizó un helicóptero llamado *Flying Windmill* (Molino Volador). Quería que todo tipo de gente votara por él. Habló en contra de los sindicatos y del *New Deal*. Johnson había apoyado el *New Deal* cuando se presentó para un escaño en la Cámara de Representantes. Pero esperaba que oponerse al *New Deal* le diera votos de los críticos del presidente.

la campaña para el senado de Johnson, 1948

Johnson hace campaña para un escaño en el Senado.

Los totales de los votos estuvieron tan reñidos que tuvieron que hacer una segunda vuelta solo entre Stevenson y Johnson. Johnson ganó en la segunda vuelta electoral por poco, por menos de 100 votos. Stevenson dijo que Johnson no siguió las reglas. Dijo que los ayudantes de Johnson entregaron votos falsos para él. Pero en 1949 Johnson se convirtió en senador.

Coke Stevenson

Un hombre ocupado

Coke Stevenson era banquero, abogado y político. Sirvió como presidente de la Cámara de Representantes de Texas, vicegobernador y gobernador de Texas. Él era el único texano que había tenido estos tres trabajos.

¿Lyndon el Aplastador?

En el Senado Johnson recibió el apodo de "*Landslide Lyndon*" (Lyndon el Aplastador). Una **victoria aplastante** es un triunfo muy grande. Pero el apodo era solo una broma. Johnson había ganado las elecciones por sólo 87 votos. ¡Su victoria sobre Stevenson en el Senado fue la más reñida de la historia estadounidense!

Ganando poder

En 1952 Johnson todavía era senador. El partido de Johnson, los demócratas, era el partido de la minoría. Esto quiere decir que tenían menos miembros en el Congreso que los republicanos. Los demócratas eligieron a Johnson como líder. Su título era **jefe de la minoría**. Era un trabajo importante. El jefe debía asegurarse de que todos los demócratas votaran de la misma manera. Johnson era la persona más joven en ocupar esta posición.

Los legisladores trabajan en **comités**. Tenían que servir en el Congreso durante mucho tiempo antes de unirse a un comité. Pero Johnson utilizó su poder para cambiar esta regla. Permitió que los nuevos legisladores se incorporaran a comités y compartieran sus ideas.

El presidente Eisenhower firma un proyecto de ley bajo la mirada del senador Johnson y otros.

In the Senate of the United States

January 5, 1955

I, Lyndon B. Johnson, do solemnly swear (or affirm) that I will support and defend the Constitution of the United States against all enemies, foreign and domestic; that I will bear true faith and allegiance to the same; that I take this obligation freely, without any mental reservation or purpose of evasion; and that I will well and faithfully discharge the duties of the office on which I am about to enter: So help me God.

Lyndon B. Johnson

Subscribed and sworn to before me this 5th day of January, A. D. 1955

Richard Nixon
President of the Senate.

State Texas

juramento al cargo del senador Johnson

Johnson fue elegido de nuevo para el Senado en 1954. Tras las elecciones, los demócratas eran el partido mayoritario. Tenían más miembros en el Congreso que los republicanos. Johnson fue elegido como el **jefe de la mayoría**. Esto le dio todavía más poder.

El presidente Dwight D. Eisenhower era republicano. Sin embargo, Johnson trabajó bien con él. También sabía cómo convencer a otros senadores para que votaran como él. Johnson utilizó estas habilidades para luchar por la **Ley de Derechos Civiles** de 1957.

Sigue hablando

La Ley de Derechos Civiles de 1957 fue escrita para proteger a los afro-americanos de las injusticias. El senador James Strom Thurmond trató de acabar con la ley con una maniobra obstruccionista. Una maniobra obstruccionista es cuando un senador retrasa su voto hablando y hablando. Thurmond habló durante 24 horas y 18 minutos.

"El tratamiento"

A Lyndon Johnson se le daba bien hacer que la gente viera las cosas a su manera. Su habilidad se conocía como "el tratamiento". Se quedaba cerca de otro legislador y soltaba datos, contaba chistes, gritaba, se quejaba y hacía amenazas. "El tratamiento" solía funcionar.

El senador Russell recibe "el tratamiento".

Rumbo a la Casa Blanca

Johnson para vicepresidente

En 1960 Johnson quería ser presidente de Estados Unidos. Otro senador demócrata, John F. Kennedy, también iba a presentarse. Los dos hombres eran **rivales**.

Los votantes demócratas eligieron a Kennedy como su candidato a la presidencia. Kennedy entonces le pidió a Johnson que fuera su candidato a la vicepresidencia. Kennedy pensaba que tener a un texano en la papeleta electoral podría ayudarle a obtener más votos en el sur.

La pareja ganó las elecciones. Kennedy se convirtió en el 35.º presidente de Estados Unidos. Johnson estaba en camino a la Casa Blanca.

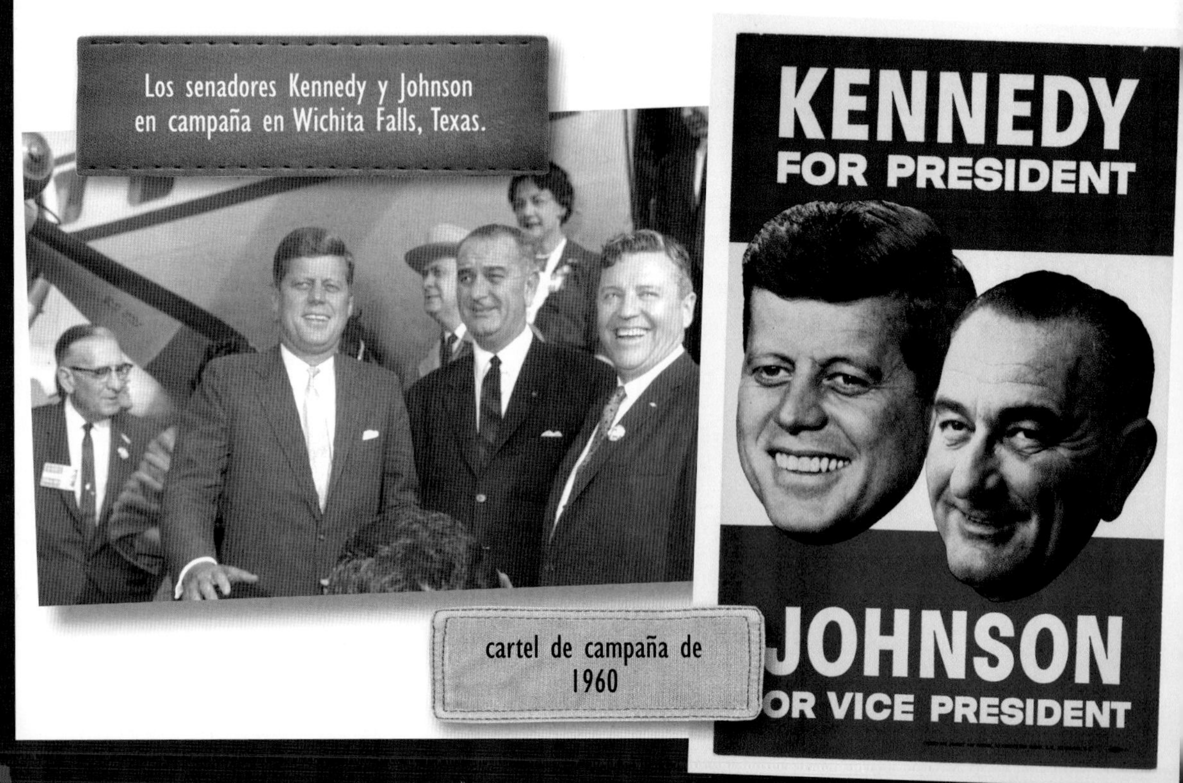

Los senadores Kennedy y Johnson en campaña en Wichita Falls, Texas.

cartel de campaña de 1960

El vicepresidente Johnson viendo con el presidente Kennedy y su esposa, Jacqueline, a los primeros estadounidenses en viajar al espacio.

Kennedy le dio a Johnson muchas tareas importantes. Le pidió a Johnson que ayudara a las **minorías** a conseguir trabajo. Para esta tarea, Johnson trabajó en estrecha colaboración con los líderes afro-americanos en la lucha por los **derechos civiles**.

Johnson trabajó duro como vicepresidente. Pero no siempre fue feliz. Quería más poder y todavía soñaba con ser presidente.

Carrera espacial

Johnson también lideró a los estadounidenses en la carrera espacial. La Unión Soviética y Estados Unidos competían por ver quién sería el primero en explorar el espacio. En abril de 1961 los soviéticos enviaron al primer hombre al espacio. Pero Johnson siguió empujando a Estados Unidos para mejorar su programa espacial. Un mes más tarde, el astronauta Alan Shepard se convirtió en el primer estadounidense en el espacio.

Plan B

Johnson tenía miedo de perder su posición de poder si Kennedy perdía las elecciones. Así que decidió presentarse al Senado por tercera vez. Pero ganó ambas elecciones. Tuvo que dejar el Senado para trabajar como vicepresidente.

Una tragedia estadounidense

El 22 de noviembre de 1963 el presidente Kennedy estaba visitando Dallas, Texas. Viajaba por las calles de la ciudad con una **comitiva oficial**. El gobernador de Texas John Connally, el presidente Kennedy y las esposas de ambos estaban juntos en el coche.

Cuando el coche pasaba por el depósito de libros escolares de Texas se oyeron disparos. Un disparo hirió al presidente y al gobernador. Un segundo disparo alcanzó al presidente. El gobernador Connally sobrevivió, pero Kennedy murió a la 1:00 p. m. en un hospital de Dallas.

El presidente Kennedy, minutos antes de ser asesinado.

Johnson jura como presidente en el *Air Force One.*

El vicepresidente Johnson iba dos coches detrás de Kennedy. Pero no fue herido. A las 2:38 p. m. Johnson tomó el juramento del cargo. Lo hizo en el *Air Force One,* el avión privado del presidente. Se convirtió en el 36.º presidente de Estados Unidos.

Los estadounidenses quedaron atónitos y tristes. Johnson no hizo muchos cambios en el personal de la Casa Blanca. Se comprometió a llevar a cabo los planes del presidente Kennedy.

Lee Harvey Oswald

Johnson le pidió al juez Earl Warren que averiguara quién había matado a Kennedy. La comisión Warren descubrió que un hombre llamado Lee Harvey Oswald había **asesinado**, o matado, al presidente. Se dijo que actuó solo, pero mucha gente pensaba que esto no era verdad. Decían que había una conspiración, o un plan secreto.

Matando a un asesino

Lee Harvey Oswald fue arrestado una hora después de que el presidente Kennedy fuera asesinado. Apenas dos días más tarde Oswald fue asesinado a tiros en la cárcel del condado de Dallas por Jack Ruby. Estaba enfadado por la muerte de Kennedy.

Ruby dispara a Oswald.

El presidente Johnson

Candidato a la presidencia

Johnson quería seguir siendo presidente. El verano de 1964 los demócratas se reunieron para elegir a su candidato. Eligieron a Johnson.

Johnson se enfrentó al candidato republicano Barry Goldwater. Fue una campaña acalorada. Johnson se comprometió a llevar a cabo los planes del presidente Kennedy para Estados Unidos. Dijo que las ideas de Kennedy eran adecuadas para la nación.

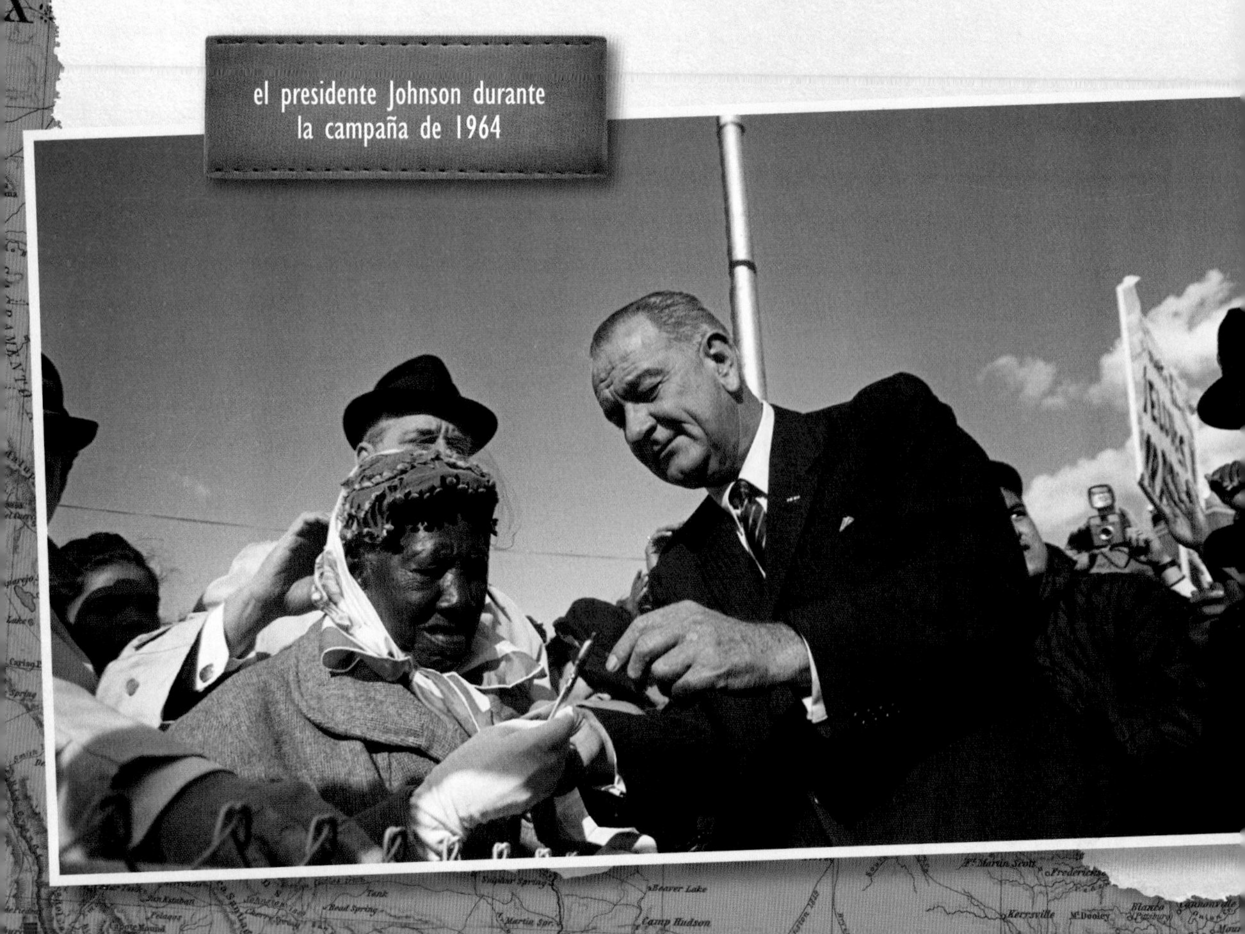

el presidente Johnson durante la campaña de 1964

El presidente Johnson ve los resultados la noche electoral.

El día de las elecciones Johnson ganó fácilmente. Consiguió el 61 por ciento de los votos. Goldwater solo consiguió el 39 por ciento. Esta vez, *Landslide Lyndon* sí que había ganado de forma aplastante. Johnson continuó siendo presidente.

Los trabajadores de derechos civiles ayudan a una pareja afro-americana de Misisipi a votar en 1964.

Las leyes de Jim Crow

En el sur, las leyes de Jim Crow impedían el voto a los afro-americanos. Los blancos hicieron reglas tales como que los afro-americanos tenían que hacer pruebas de lectura o pagar impuestos antes de votar. A veces, la gente blanca amenazaba e incluso atacaba a los afroamericanos que intentaban votar.

¡Déjennos votar!

Un grupo de afro-americanos de Misisipi llegó a la reunión de la Convención Nacional Demócrata de 1964 . Ellos también querían votar en la junta. Johnson quería darles a los afro-americanos derechos. Pero no quería perder los votos blancos del sur. Al final, el Partido Demócrata no permitió votar a los afro-americanos en la reunión.

Grandes planes

Antes de su muerte, Kennedy había puesto en marcha la Ley de Derechos Civiles. En julio de 1964 Johnson promulgó la ley.

Este proyecto de ley prohibía la **segregación**. Los afro-americanos ya no estaban obligados a ir a escuelas separadas o a sentarse en la parte trasera de los autobuses. Y ya no tenían que usar baños o bebederos diferentes. Muchos sureños blancos querían detener esa ley. Johnson tuvo que trabajar duro para lograr su aprobación.

Al año siguiente Johnson ayudó a aprobar la Ley de Derechos Electorales. Esto aseguró que millones de afro-americanos en el sur pudieran votar.

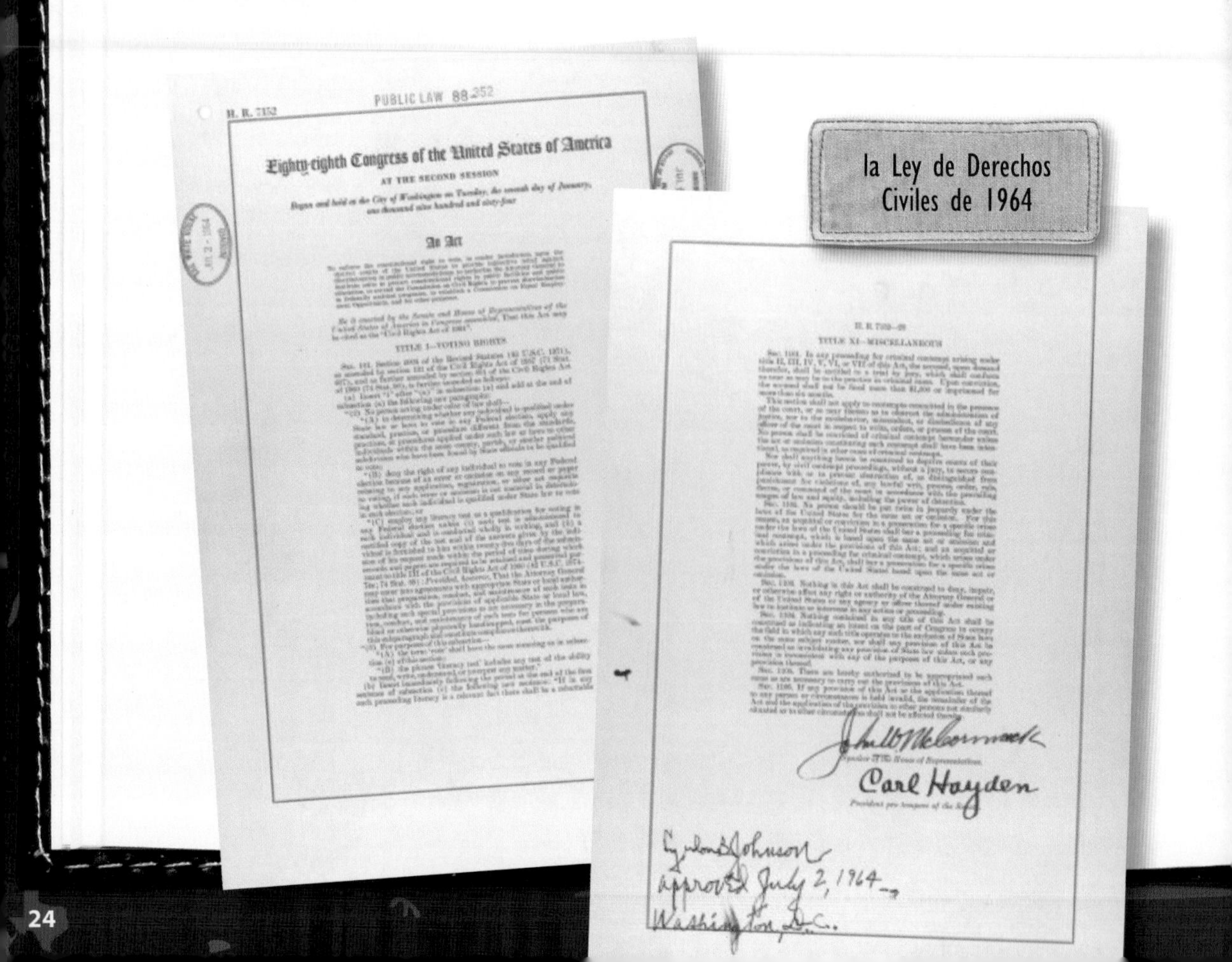

PUBLIC LAW 88-352

H. R. 7152

Eighty-eighth Congress of the United States of America

AT THE SECOND SESSION

An Act

TITLE I—VOTING RIGHTS

TITLE XI—MISCELLANEOUS

Carl Hayden

approved July 2, 1964

Washington, D.C.

la Ley de Derechos Civiles de 1964

El presidente Johnson firma la Ley de Medicare en 1965.

Ese mismo año, Johnson anunció su programa de la Gran Sociedad. Este plan tenía ideas para ayudar a las escuelas, a los pobres y a los ancianos. Quería ayudar a los estadounidenses a pagar la asistencia médica si no se la podían permitir. Y quería luchar contra la pobreza.

Johnson tenía grandes planes para el país. Pero estos planes costaban dinero. No todos los contribuyentes estaban de acuerdo con cómo Johnson quería gastar su dinero.

Ayuda para la asistencia médica

En 1965 Johnson creó Medicare y Medicaid. Estos dos programas ayudaban a los pobres y a los ancianos a pagar la asistencia médica. Hoy en día, quienes no pueden pagarse un seguro todavía usan Medicare y Medicaid para pagar sus facturas médicas.

Castigando a los grupos de odio

En 1965 Johnson ordenó que arrestaran a miembros del Ku Klux Klan. El KKK era un grupo de odio que **aterrorizaba** a los afroamericanos. Johnson envió a los miembros del Ku Klux Klan a la cárcel como ejemplo para otros miembros de grupos de odio.

Tiempos revueltos

En 1966 el presidente Johnson tuvo una crisis entre sus manos. Un país llamado Vietnam estaba siendo tomado por los **comunistas**. A Johnson le preocupaba que si se apoderaban de Vietnam se apoderarían del resto del mundo. Esto se llamaba la *teoría del dominó*.

Estados Unidos envió tropas a Vietnam para ayudar al pueblo vietnamita a combatir contra los comunistas. Pero el conflicto empeoró. El presidente siguió enviando más tropas. Luego empezó a llamar a filas. Obligó a los hombres jóvenes a luchar en el conflicto.

En 1968 más de 550,000 soldados estadounidenses estaban en Vietnam. Alrededor de 1,000 soldados morían cada mes. Las noticias de la televisión mostraban el recuento de fallecidos cada noche. Emitían películas de los soldados luchando y muriendo.

El presidente Johnson visita las tropas estadounidenses en Vietnam en 1965.

Muchos estadounidenses se molestaron y responsabilizaban al presidente. La gente se manifestaba y **protestaba**. Los estudiantes universitarios coreaban "Ey, ey, L.B.J., ¿cuántos niños has matado hoy?"

Johnson dijo que estaba intentando ganar la guerra tan rápido como podía. Pero pocas personas estaban de acuerdo con sus decisiones. Algunas personas decían que no estaba usando la fuerza suficiente. Otros decían que debía traer las tropas a casa de inmediato. La guerra de Vietnam hizo de Johnson un líder impopular.

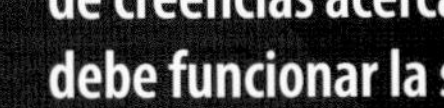

El comunismo

El comunismo es un sistema de creencias acerca de cómo debe funcionar la sociedad. Los comunistas creen que el gobierno debe poseer todos los bienes y el control de todas las empresas y fábricas. Creen que se debe pagar a la gente de acuerdo con sus necesidades, no con lo bien que hacen su trabajo. La mayoría de los estadounidenses pensaba que el comunismo era una mala idea.

Lucha en casa

Vietnam no era el único lugar donde se llevaba a cabo una lucha. En casa, se desataron **disturbios** raciales en varias ciudades. Los afro-americanos estaban enfadados porque los trataban injustamente.

Manifestantes contra la guerra de Vietnam en la marcha de los veteranos por la paz en Washington DC, 1967

SELECTIVE SERVICE SYSTEM
REGISTRATION CERTIFICATE
SSS Form No. 2
THIS IS TO CERTIFY THAT IN ACCORDANCE WITH THE SELECTIVE SERVICE LAW
Lawrence Edward Nelson
(FIRST NAME) (MIDDLE NAME) (LAST NAME)
SELECTIVE SERVICE NO. 11 122 45 409
May 30, 1945 Sycamore, Illinois
(DATE OF BIRTH) (PLACE OF BIRTH)
COLOR EYES Blue COLOR HAIR Brown HEIGHT 6 FT. — IN. WEIGHT 165
Other obvious physical characteristics None
WAS DULY REGISTERED ON THE 10 DAY OF June 19 63
(SIGNATURE OF LOCAL BOARD CLERK)

cartilla militar de Vietnam

Listo para retirarse

En 1968 Johnson quería postularse para la presidencia de nuevo. Competiría con Eugene McCarthy, que quería poner fin a la guerra. Robert Kennedy también se unió a la competencia política. Era el hermano del ex presidente John F. Kennedy.

Las cosas no parecían prometedoras para Johnson. A principios de ese año los programas de noticias emitieron imágenes de soldados enemigos atacando la embajada de Estados Unidos en Vietnam. El ataque se conoce como la *ofensiva del Tet*. Johnson sabía que no iba a ganar la guerra ni las elecciones.

En marzo de 1968 Johnson abandonó la carrera presidencial. Al final, los demócratas estaban divididos. Esto ayudó al republicano Richard Nixon a ganar las elecciones generales de 1968.

las tropas estadounidenses luchando durante la ofensiva del Tet, 1968

Martin Luther King Jr. y Robert F. Kennedy

Johnson regresó a su rancho en Texas. Cuatro años más tarde tuvo un ataque al corazón. Johnson murió a la edad de 64 años. Había dedicado su vida a servir al estado y al país que amaba.

funeral de Johnson, 1973

Líderes perdidos

En 1968 otros dos dirigentes estadounidenses fueron asesinados. En Memphis, le dispararon a Martin Luther King Jr., líder por los derechos civiles. El candidato presidencial Robert F. Kennedy fue asesinado en Los Ángeles. Fue una época aterradora para los estadounidenses.

Una carrera completa

Johnson sirvió en muchos cargos intentando ayudar a los texanos y a los estadounidenses más necesitados. Durante su larga carrera Johnson fue elegido para cuatro puestos políticos en Estados Unidos. Fue diputado, senador, vicepresidente y presidente.

Glosario

asesinado: matado a propósito, especialmente un líder político

aterrorizaba: obligaba con amenaza o violencia; infundía el terror

ayudante: secretario o ayudante de una persona en la política

campaña: serie de eventos para conseguir que los votantes voten por un candidato a un cargo público

candidato: persona que se presenta a un cargo público

comités: grupos de personas que trabajan juntos en un tema específico dentro de otros grupos más grandes

comitiva oficial: desfile de coches escoltando a alguien importante

comunistas: personas que creen en una forma de gobierno donde el gobierno es dueño de todo y controla cómo se producen las cosas

demócrata: miembro o simpatizante del Partido Demócrata

derechos civiles: libertades básicas otorgadas a todos los miembros de una sociedad

disturbios: violencia pública

elecciones: el proceso de votación para elegir a una persona para un cargo

equipo de debate: grupo organizado para celebrar discusiones formales sobre los pros y contras de un tema

jefe de la mayoría: líder del partido mayoritario en el Congreso

jefe de la minoría: líder del partido minoritario en el Congreso

legislatura: el cuerpo de representantes electos responsable de la elaboración de leyes

Ley de Derechos Civiles: ley del Congreso para garantizar las libertades fundamentales de todos los estadounidenses

minorías: grupos raciales o religiosos que son diferentes de un grupo mayor del que son parte

primarias: elecciones en las que se decide cuál de los candidatos de un partido político se presentará a un cargo público

programa: lista de ideas y principios sostenidos por un partido político

protestaba: objetaba con fuerza en contra de algo

reserva naval: unidad de la marina de guerra en la que los voluntarios sirven a tiempo parcial

representante: miembro electo de la Cámara de Representantes de EE. UU.

rivales: dos o más personas tratando de conseguir lo que solo uno puede tener

segregación: separación forzada de personas de diferentes razas o grupos étnicos

senador: miembro electo del Senado de EE. UU.

victoria aplastante: victoria con una gran mayoría de votos

Índice

¡Es tu turno!

Lyndon Baines Johnson nació y se crio en Texas. Dedicó su vida a ayudar a su estado y nación. Trabajó como maestro, director y miembro del Congreso de EE. UU. Johnson también sirvió como vicepresidente y presidente de Estados Unidos.

DEP LBJ

Escriba un epitafio sobre Lyndon B. Johnson. Un epitafio es una breve inscripción en una lápida que rinde homenaje a la persona enterrada allí.